A LA JEUNESSE FRANÇAISE

LE PROGRAMME

de la

FÉDÉRATION

des

Jeunesses Plébiscitaires de France

Cette brochure se trouve au
Siège de la
…tion des Jeunesses Plébiscitaires de France
32 *bis*, Rue Poncelet, 32 *bis*
PARIS (17e)

DISCOURS

Prononcé le 22 Février 1911 aux Sociétés Savantes

PAR

M. Joseph MAYBON

Président de la Fédération des Jeunesses Plébiscitaires de France

---

Mesdames, Messieurs,

Il y a près de deux ans (le 1er avril 1909), dans une autre salle de l'hôtel des Sociétés Savantes, nous inaugurions la section des Etudiants de la Jeunesse plébiscitaire de la Seine. Aujourd'hui, messieurs, les étudiants plébiscitaires ne sont plus nos invités ; ils sont nos amphitryons. Leur groupe a pleinement réalisé les espoirs que nous fondions sur lui. Il est devenu si vivant, si ardent, si puissant que, maintenant, il constitue un groupe autonome dont l'action spéciale, étroitement liée et connexe d'ailleurs, à l'action de la Jeunesse plébiscitaire de la Seine dont il est issu, s'affirme quotidiennement — et de plus en plus — comme particulièrement utile et nécessaire à la propagande des idées plébiscitaires et napoléoniennes. Les

« aiglons » ont pris leur vol et les ailes largement éployées, dominent de leur essor les cimes les plus élevées de l'horizon politique. Nul plus que moi ne s'en réjouit et ne les en félicite cordialement.

Nous sommes d'ailleurs quelques bons amis qui nous retrouvons à cette tribune. C'est avec plaisir qu'à deux ans de distance nous rencontrons à nouveau nos vaillants amis Paul et Guy de Cassagnac et Poitou-Duplessy. (Vifs applaudissements.)

. . . .

Ni député, ni ancien député, ni journaliste, ni écrivain, je dois à mon simple titre de président de la Jeunesse Plébiscitaire de la Seine et de la Fédération des Jeunesses Plébiscitaires de France d'être invité ce soir à parler devant vous. Mais de ce titre modeste, je m'enorgueillis cependant hautement. Fils du peuple, enfant de la démocratie, je suis fier d'avoir été choisi par mes camarades de Paris et par les délégués des organisations plébiscitaires de la Jeunesse Française pour être le premier président de leur Fédération. Ce grade dont je m'honore et dont je sens tout le prix, je l'ai conquis sur nos champs de bataille politique et je le dois à l'affectueuse et confiante sympathie de nos camarades. J'en accepte joyeusement les charges et les devoirs et c'est un de ces devoirs que je vais remplir ce soir, en m'exprimant, suivant mon habitude, sans vaines circonlocutions et sans ambages inutiles. (Applaudissements.)

La crise dont souffre le pays

Il nous apparaît, à mes amis et à moi, comme à beaucoup d'autres citoyens, que nous sommes à un tournant de notre histoire nationale et que la crise profonde dont souffre le pays, crise dont les manifestations se montrent depuis quelques années d'un caractère particulièrement aigu, est appelée à se solutionner prochainement.

La crise, mais elle est générale ! Crise politique, crise économique, crise sociale, crise administrative ! Elle atteint tout l'organisme national, toutes les forces vives du pays. Elle exerce son emprise terrible non seulement sur le régime actuel, mais sur tous les partis politiques, tous, partis de droite, partis de gauche, partis du centre !

D'autres orateurs, plus qualifiés que moi, vous feront le procès du parti politique au pouvoir, j'ai nommé le parti radical.

Vous me permettrez donc de ne pas retenir longuement votre attention sur la cuisine mijotée par ces fantoches dans les marmites du Grand-Orient. (Applaudissements.)

Je me bornerai à constater avec vous que ces radicaux qui détiennent depuis une dizaine d'années des majorités parlementaires sans précédent, majorités écrasantes qui leur permettaient d'exercer le pouvoir sans craindre le frein de minorités qu'une infériorité numérique notoire condamnait à l'impuissance, n'ont ni su ni pu accomplir aucune œuvre utile, ni su ni pu mettre debout une réforme digne de ce nom.

Qu'il s'agisse des retraites ouvrières, qu'il s'agisse des autres lois sociales, qu'il s'agisse des graves et complexes problèmes posés par la question syndicale, leur œuvre est caduque, non viable, entachée de puérilité sonore et d'incohérence mal dissimulée. (Applaudissements.)

Ils n'ont su trancher radicalement qu'une question : celle des 15.000 francs de l'indemnité législative ! Voilà leur bilan, voilà leur bagage politique et économique...

Ils en sont toujours à la défense de l'école laïque, à la guerre aux curés, même après la Séparation, même après la liquidation des Congrégations. Ils se battent encore — telle une bande de voleurs — autour des dépouilles congréganistes et n'échappent aux scandales des Lecouturier et des Duez que pour retomber dans les scandales des fiches et de la délation maçonnique.

Piètre parti que celui qui, pour gouverner, en est réduit à de semblables expédients et se trouve contraint, dépourvu d'hommes de gouvernement, à abdiquer les rênes ministérielles entre les mains d'un socialiste de la veille devenu le plus opportuniste des jacobins nantis. (Applaudissements.)

. . . .

Les progressistes

Vous parlerai-je des progressistes ? Les progressistes, ah messieurs, ils ont droit... au silence et à la paix des cimetières. La rigidité apparente de ce parti n'est qu'une rigidité cadavérique... (Rires et applaudissements.)

Ah ! sans doute, nous les voyons s'évertuer maintenant à la défense de nos libertés sacrifiées, mais n'ont-ils pas jadis hurlé souvent avec les loups radicaux ? N'ont-ils pas ouvert la porte par laquelle sont passés les Combes, les Pelletan, les Berteaux, les Clemenceau et les Briand ?

Méline et Ribot ont été les fourriers de Waldeck qui fut lui-même celui de Combes ; leur faiblesse a permis à la camarilla dreyfusiste de prendre possession du gouvernement. Pendant vingt ans, ces gens ont été nos pires adversaires. Nous serions bien naïfs de les sortir du pétrin dans lequel ils se sont mis. Qu'ils s'adressent à d'autres mitrons ; nous ne voulons pas, quant à nous, confectionner les petits pains que les Bertrand du radicalisme croquent à belles dents... (Nouveaux rires et applaudissements.)

Les socialistes unifiés

Il y a aussi l'extrême-gauche socialiste. Son orateur le plus verbeux s'était solennellement engagé, voici quelques années, à pporter le plan de la société future, de la société collectiviste. L'architecture doit en être singulièrement compliquée, car le fameux plan ne nous a pas encore été révélé... (Applaudissements.)

Ce parti ne tire son unique force que des agitations qu'il crée périodiquement dans les milieux ouvriers et qui troublent si gravement les intérêts généraux de la communauté française, tout en desservant les véritables intérêts des classes prolétariennes.

Chez les socialistes prétendus unifiés, il se rencontre, à côté des rêveurs et des utopistes, des politiciens sans vergogne, des excitateurs sans conviction qui ne demandent qu'à se laisser domestiquer par la bourgeoisie. Leur socialisme, importé d'outre-Rhin, répugne à la mentalité française, même à la mentalité révolutionnaire, et si les théories colportées par les Jaurès, Vaillant et consorts venaient à triompher, ces grands pontifes de la Sociale en seraient les premières victimes et ne reconnaîtraient plus dans le minotaure qui les dévorerait la bête sauvage qu'ils auraient élevée et qu'ils tenteraient vainement de contenir. (Applaudissements.)

J'en arrive aux partis de droite.

L'Action Libérale

Glissons rapidement sur « l'Action libérale » qui prétendit, il y a quelques années, monopoliser par l'influence de ses millions l'opposition au gouvernement et qui, se cantonnant sur le terrain constitutionnel, exigeant de ses groupes et de ses adeptes la reconnaissance de la Constitution de 1875, se plaça ainsi sur un terrain étroit et stérile, se confina dans une opposition à la pâte de guimauve, allant au-devant des échecs qu'elle a subis et qui, malheureusement, ne lui ont pas servi de leçon.

Une opposition qui sanctionne l'usurpation des droits de la souveraineté nationale perpétrée par les constituants de 1875 est vouée à la défaite. Elle peut se réclamer d'un libéralisme quelconque : elle n'aura jamais de succès auprès des masses populaires.

Etre libéral, c'est fort bien ! Ce n'est pas suffisant ! Il existe des libéraux dans tous les partis. Le libéralisme, c'est une tournure de pensée, un état d'âme, une forme du caractère, une prédisposition d'esprit : ce n'est ni un *programme*, ni une *opinion*, ni une *cocarde*, ni un *drapeau*. Et une opposition ne peut se battre que sous une cocarde visible et avec un programme réels, non avec des fanions multicolores et des phrases creuses, ces phrases fussent-elles d'une libérale et académique éloquence. (Applaudissements.)

Les royalistes. — L'Action Française.

J'ai gardé pour la fin de cette nomenclature le parti royaliste.

Voici un parti où se rencontrent, certes, des gens d'une loyauté indéniable et d'un patriotisme sincère, mais où fourmillent et s'agitent aussi des sectaires aussi dangereux que les sectaires de gauche, car les violences de ceux-ci trouvent souvent leur excuse dans les violences et les passions rétrogrades de ceux-là.

Le parti royaliste est, en tout cas, profondément divisé et le duc d'Orléans ne parvient pas à rétablir dans les rangs monarchiques l'ordre, la discipline, l'unité de vues et de doctrines. (Applaudissements.)

Les pontifiants directeurs de « l'Action Française », lesquels tiennent actuellement le haut du pavé royaliste, nous sont, à nous démocrates plébiscitaires, profondément antipathiques. Et il convient de les rappeler, en même temps qu'au sens des *réalités historiques*, à la *pudeur et à la vérité politiques !*

« L'Action Française » se réclame constamment, à tout propos et hors de propos, de la tradition monarchique. Est-ce bien au parti dont le duc d'Orléans est le chef actuel de se plaindre de l'interruption de cette tradition monarchique ? La famille d'Orléans est, par rapport à la tradition monarchique, ce qu'était la belette de la fable par rapport à Jeannot lapin. La belette orléaniste a chassé Jeannot Bourbon du logis monarchique et a usurpé sa place. (Vifs applaudissements.)

Le salut de la France

Où est donc le salut de la France ?

Il n'est pas, comme le prétendent les réactionnaires de l' « Action Française », dans la suppression totale des rares prérogatives attribuées au suffrage universel;

il réside, au contraire, dans l'application pleine et intégrale des droits de la Nation, dans l'extension du suffrage universel à la nomination du chef de l'Etat, dans la dévolution au peuple du droit de choisir la forme de gouvernement qui lui convient.

Oui, il faut rétablir en ce pays l'*ordre* et l'*autorité*, mais la source de l'autorité légitime est dans le peuple. Elle n'est pas ailleurs. La Nation doit être rendue majeure et délivrée des tutelles parlementaires.

Et la grande *force d'ordre* de ce pays réside dans le suffrage universel lui-même. (Assentiment.)

Expliquons-nous :

Non pas dans le suffrage universel frelaté, falsifié, étriqué, bâillonné, tel que le pratiquent les maîtres du jour ; non pas dans ces élections législatives faussées par la pression officielle, les manœuvres corruptrices, cuisinées par les préfets et les commissions de recensement, mais dans le suffrage universel rendu à lui-même, délivré des bandelettes et des liens qui l'emprisonnent, purifié, assaini, par le grand courant régénérateur des plébiscites nationaux.

Les origines de la Constitution de 1875

On ne rappellera jamais trop dans quelles circonstances, par quelle assemblée fut votée la Constitution qui nous régit.

Cette Assemblée, qui ne possédait aucun pouvoir constituant, puisqu'elle avait été nommée pour traiter de la paix, s'arrogea indûment le pouvoir constituant, en violation formelle des droits imprescriptibles de la volonté nationale.

Elle fit la République, par haine de l'Empire, mais elle n'était pas républicaine et la République dont elle gratifia ainsi le pays ne pouvait être et n'a été qu'une caricature grotesque de République et une contrefaçon frauduleuse de la monarchie parlementaire. Le système constitutionnel de 1875 procède, dans sa mentalité, dans ses dispositions, s'il n'en procède pas dans son titre, de l'esprit orléaniste et non pas de l'esprit républicain. (Applaudissements.)

Les constituants de 1875 n'ont été guidés dans leur œuvre que par une seule pensée : la *peur* et, pour beaucoup, la *haine* du suffrage universel. Ne pouvant le détruire, ils se sont complu à le bâillonner, à le restreindre, à l'entraver et à le fausser.

Ils lui ont d'abord enlevé son droit primordial de désigner directement et librement le chef de l'Etat afin de placer le pouvoir exécutif sous la tutelle constante et l'étroite dépendance du pouvoir législatif.

Puis, prévoyant le cas où, malgré les mesures restrictives et les manœuvres dolosives que le scrutin d'arrondissement comporte et permet, une majorité révisionniste viendrait à forcer les portes du Palais-Bourbon, ils ont voulu que la volonté du suffrage universel ne puisse prévaloir, ils l'ont condamnée à rester lettre morte et, à cet effet, ils ont placé au faîte de la

Constitution, nantie d'un pouvoir omnipotent, une Assemblée qui ne possède pas de contact direct avec la nation. Sous la République parlementaire, le Sénat est le maître suprême et les volontés du suffrage universel ne peuvent prévaloir contre sa toute-puissance. La nation est mineure et la bastille constitutionnelle, autrement plus dangereuse que l'ancienne, est là pour l'emprisonner et la murer hermétiquement.

C'est cette bastille constitutionnelle qu'il importe de renverser si nous voulons donner à notre pays une ère de vigueur et de prospérité. (Vifs applaudissements.)

La propagande plébiscitaire. — Le programme de la Fédération des Jeunesses Plébiscitaires de France.

Et c'est à ce résultat que tendent l'action et la propagande de notre *Fédération des jeunesses plébiscitaires de France.*

Dédaigneux des émollients recommandés par certaines ligues, des infusions de camomille prônées par telle autre, nous proclamons que pour guérir la France, il faut s'attaquer à la racine même du mal dont elle souffre et s'anémie et que pour accomplir œuvre utile, il faut, en politique comme ailleurs, *commencer par le commencement.* (Applaudissements.)

Notre programme, messieurs, il est simple, il est clair, il est net et il est précis.

Nous sommes les partisans de la grande réforme électorale, de la réforme électorale intégrale. (Applaudissements.)

Nous ne nous contentons pas d'une vague promesse de réforme électorale par la représentation proportionnelle, car cette réforme se trouve déjà singulièrement amoindrie, rétrécie, défigurée, depuis ses multiples pérégrinations au sein des commissions et des groupes parlementaires. Encore quelques ballades du même genre et vous me direz ce qui restera ensuite du projet initial de représentation proportionnelle.

Ce n'est pas de cette monnaie de singe que nous entendons payer la démocratie.

Ce qu'attend la démocratie

Nous demandons la revision complète de la Constitution de 1875. Nous demandons, nous, que l'on inscrive dans la législation française le principe du *referendum*, du referendum tel qu'il fonctionne dans la Confédération helvétique. (Approbations.)

Nous réclamons la *suppression du Sénat politique*, du Sénat issu du suffrage restreint, du Sénat haute cour de justice. (Nombreuses marques d'approbation.)

Nous demandons *l'abrogation complète des iniques lois d'exil ;* nous revendiquons impérieusement *le droit pour le peuple de nommer directement, librement le chef de l'Etat*, de choisir l'homme auquel il entend confier le dépôt suprême de l'autorité, de l'autorité nécessaire et tutélaire, autorité légitime et incontestable puisqu'elle émanera du cœur même de la nation et sera consentie par elle. (Applaudissements.)

Voilà les idées simples mais concrètes, que mes amis et moi nous voulons jeter dans ce pays, répandre dans les masses populaires, convaincus que nous sommes qu'elles germeront en une moisson féconde.

Nous ne voulons pas pratiquer une politique de demi-mesures et de tergiversations ; nous entendons aller jusqu'au bout de notre programme et nous déclarons que les obstacles légaux et variés que les parlementaires ont accumulés contre les droits de la souveraineté nationale, ne devront pas, lorsque l'heure en sera venue, nous empêcher de passer... (Acclamations répétées.)

Dans la bataille qui se prépare et dont l'enjeu suprême est l'existence même de la France, nous ne voulons pas rester les bras croisés et nous entendons jouer un rôle actif. (Cris : Oui ! Oui !)

Que certains hommes politiques, que certains états-majors pratiquent la politique des capitulations successives et des compromissions inutiles, libre à eux.

Nous repoussons cette politique-là ! (Applaudissements.)

Nous voulons aller au peuple, nous qui sortons de ses rangs, sans détour, franchement, cocarde au chapeau, drapeau déployé.

Que d'autres abandonnent leur poste de combat pour des raisons plus ou moins plausibles, libre à eux. Mais qu'ils n'essaient pas de dégoûter et de décourager les militants ! (Applaudissements.)

Que ceux qui ne veulent rien faire se

plongent dans les douceurs du farniente, mais qu'ils gardent pour eux des conseils dont nous n'avons cure et qu'ils laissent travailler et agir ceux qui désirent travailler et agir. (Applaudissements répétés.)

Nécessité de la lutte

Plébiscitaires napoléoniens qui m'écoutez, la *Fédération des Jeunesses plébiscitaires de France* vous convie à la lutte. Elle compte sur votre appui, sur vos concours, sur vos précieuses sympathies, sur vos encouragements ; elle fait appel à vos bras et à vos cœurs. Fournissez-lui du réconfort et des munitions et elle fera, avec vous, grâce à vous, de bonne besogne.

Nous revendiquons notre place au grand soleil de l'opinion publique. Cette place, nous la prendrons, qu'on le veuille ou non!

Nous la prendrons parce que coule dans nos veines le même sang que celui qui coulait dans les veines des Montander, des Goglu et des Doguereau ! (Sensation.)

Nous la prendrons parce que, au-dessus des principes qui nous sont chers, de cette doctrine plébiscitaire qui constitue notre Credo politique, notre acte de foi démocratique, de cette doctrine dont nous aimons les rayons lumineux et qui nous guide dans les ténèbres présentes ; parce que, au-dessus du prince dont nous sommes les dévoués et fidèles solodats (Applaudissements), au-dessus de ce Napoléon exilé pour lequel nous combattons et qui, comme nos deux Empereurs, comme le regretté Prince Impérial, s'appuie uniquement sur la doctrine plébiscitaire et se proclame le défenseur des droits du peuple ; parce que au-dessus des principes qui nous sont chers et du Prince qui, continuant la tradition napoléonienne, les incarne et les représente, il y a la France, la France, notre Mère Patrie que nous chérissons et vénérons, la France que nous aimons éperdûment, la France éternelle que nous voulons servir utilement de tout notre cœur et de toutes nos facultés, la France que nous débarrasserons, s'il plaît à Dieu, des mécréants qui la souillent, des imposteurs qui la trompent, de la République bismarkienne qui la ruine et la déshonore.

Vive le Plébiscite ! Vive Napoléon ! Vive la France ! (Applaudissements répétés.)

Imprimerie Française, J. Dangon
123, rue Montmartre, Paris.

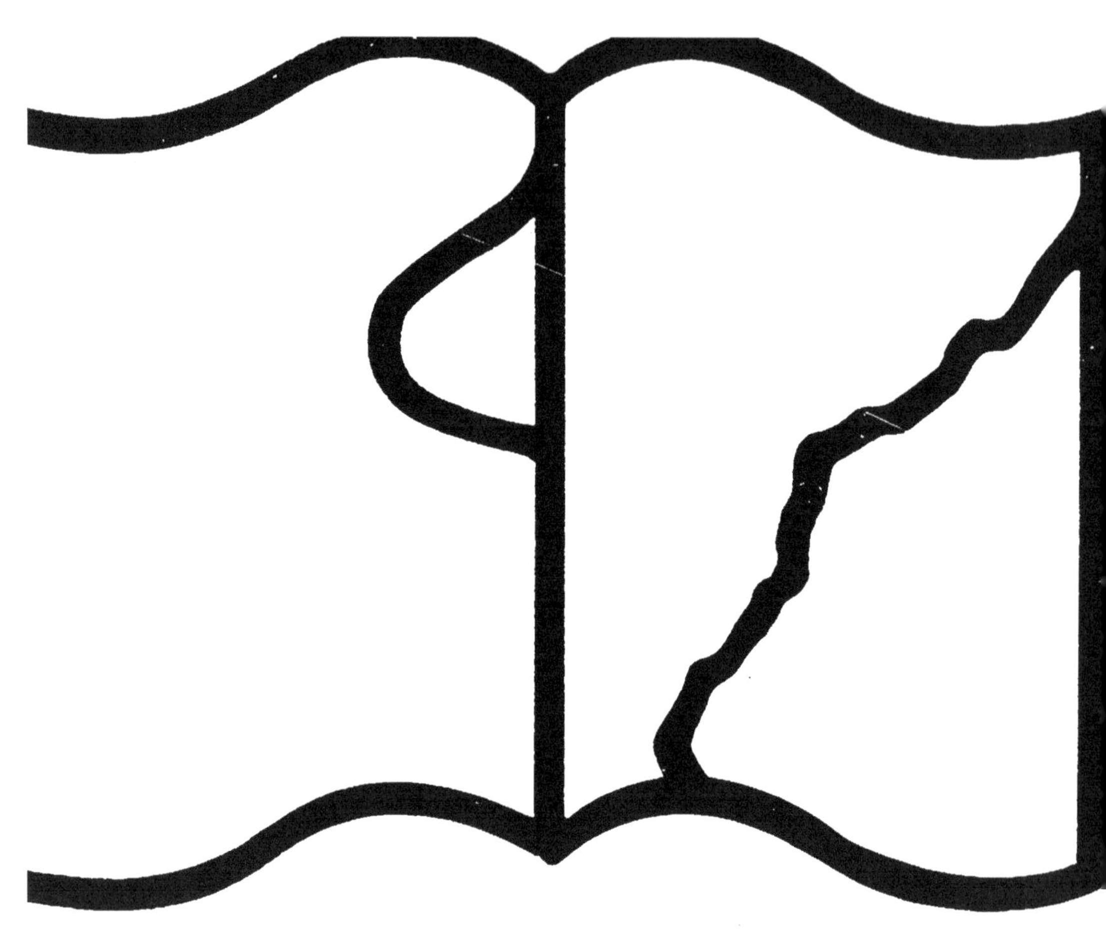

Texte détérioré — reliure défectueuse

NF Z 43-120-11

www.ingramcontent.com/pod-product-compliance
Ingram Content Group UK Ltd.
Pitfield, Milton Keynes, MK11 3LW, UK
UKHW012313240726
13966UKWH00005B/1849

9 782012 786479